Für dieses Heft brauchst du das
miniLÜK-Kontrollgerät

So wird es gemacht:

Öffne das miniLÜK®-Kontrollgerät und lege die Plättchen in den unbedruckten Deckel. Jetzt kannst du auf den Plättchen und auf dem Geräteboden die Zahlen 1. bis 12. sehen.

Beispiel Seite 2:
Berühmte Pferdenamen
(Üben für das Wörterbuch)

Nimm Plättchen 1 und sieh dir Aufgabe 1. an: **Ordne die Wörter nach dem ABC.** Wenn du die Endbuchstaben in der richtigen Reihenfolge zusammensetzt, erhältst du das gesuchte Lösungswort.

Das richtige Lösungswort ist: gut.
Zur richtigen Antwort gehört die Zahl 3.
Lege also Plättchen 1 auf das Feld 3 im Geräteboden.

So arbeitest du weiter, bis alle Plättchen im Geräteboden liegen.

Schließe dann das Gerät und drehe es um. Öffne es von der Rückseite.
Wenn du das bei der Übungsreihe abgebildete Lösungsmuster siehst, hast du alle Aufgaben richtig gelöst.

Passen einige Plättchen nicht in das Muster, dann hast du dort Fehler gemacht. Drehe diese Plättchen da, wo sie liegen, um, schließe das Gerät, drehe es um und öffne es wieder.

Jetzt kannst du sehen, welche Aufgaben du noch einmal lösen musst. Nimm diese Plättchen heraus und suche die richtigen Ergebnisse. Kontrolliere dann noch einmal. Stimmt jetzt das Muster?

Das System ist für alle Übungen gleich:
Die roten Aufgabennummern im Heft entsprechen immer den LÜK-Plättchen aus dem Kontrollgerät.
Die Zahlen hinter den Lösungen sagen dir, auf welche Felder des Kontrollgerätes du die Plättchen legen musst.

Und nun viel Spaß!

2

Berühmte Pferdenamen

(Üben für das Wörterbuch)

Ordne die Wörter nach dem ABC.
Wenn du die Endbuchstaben in der richtigen Reihenfolge zusammensetzt, erhältst du das gesuchte Lösungswort.

klasse 1

prima 8

toll 4

gut 3

super 11

top 5

Jm Wörterbuch sind die Wörter nach dem ABC geordnet. Wenn Wörter mit dem gleichen Buchstaben beginnen, musst du auf den zweiten Buchstaben im Wort achten – oder auf den dritten oder auf den vierten: **A**pfel – **B**irne – **C**lementine – **D**attel – …
Ananas – **Ap**fel – **Ar**tischocke – …
Falter – **Fli**ege – **Floh** – **Floh**markt – **Flohz**irkus – …

Woher bekommen Pferde ihre Namen?

Grundsätzlich kann jeder sein Pferd so nennen, wie er will – nur bei Zucht-, Turnier- oder Rennpferden gibt es bestimmte Regeln, die von Rasse zu Rasse unterschiedlich sind. So lautet eine Regel für die Trakehner, dass der Name des Fohlens mit dem gleichen Anfangsbuchstaben wie der des Muttertiers beginnen muss, bei den Hannoveranern ist es der Anfangsbuchstabe des Vaters. Deutsche Reitponys bekommen den Namen des Muttertiers, wenn es Stutfohlen sind, wenn es Hengstfohlen sind, wird der Anfangsbuchstabe des Vaters genommen. Genaue Jnformationen bekommt man beim Zuchtverein bzw. über die Turniervereine.

Welcher Pferdename kommt als erstes im Alphabet?

7	Ahlerich 10	Angelo 6	Alabaster 3
8	Freudentänzer 8	Farbenfroh 2	Frühlingstraum 9
9	Detektiv 11	Diskant 8	Deister 6
10	Herta 4	Halla 9	Helene 3
11	Meteor 5	Moment 10	Marius 12
12	Silbersee 1	Salix 7	Silver 2

Ahlerich – Olympiasieger Dressur 1984, Farbenfroh –WM-Einzelgoldmedaille 2002 (Dressur), Deister – erfolgreiches Springpferd, Halla – Doppelolympiasiegerin im Springreiten 1960, Meteor – erfolgreiches Springpferd, Silbersee – erfolgreiches Springpferd.

FÜR PROFIS

Jn jeder Zeile steht der Name eines berühmten Pferdes aus dem Reitsport. Findest du heraus, welche Tiere es sind und warum sie so berühmt sind?

Was läuft denn da?

(Mit Wortfeldern arbeiten)

Zu welchem Wortfeld gehören diese Wörter?

1 schauen, beobachten, gucken, erkennen, betrachten

2 handeln, tun, beschäftigen, anfertigen, zubereiten

3 speisen, knabbern, fressen, naschen, frühstücken, futtern

4 wandern, bummeln, klettern, schlurfen, rennen, schlendern, eilen

5 überlegen, grübeln, nachdenken, meinen, annehmen

6 sagen, rufen, antworten, brummen, schreien, brüllen, schimpfen, flüstern

sprechen 3 | essen 1 | machen 4

sehen 6 | gehen 11 | denken 7

Unter einem Wortfeld versteht man eine Gruppe von Wörtern, die eine ähnliche Bedeutung haben. Wenn du einen Text möglichst spannend und abwechslungsreich erzählen möchtest, ist es gut, verschiedene Wörter aus dem Wortfeld zu benutzen, z. B. anstelle von **essen**: Er **verschlingt** die Suppe. Sie **löffelt** den Brei genussvoll. Wir **mampfen** gierig.

Welches Wort passt?

		gehen	laufen	springen
7	über einen Graben	3	10	5
8	gemütlich über den Hof	10	8	12
9	zu Fuß	8	2	9
10	über ein Hindernis	6	4	12
11	vor Angst davon	1	2	7
12	schnell nach Hause	11	9	8

Wie viele Gänge hat ein Pferd?

Je nach Fußfolge und Geschwindigkeit unterscheidet man beim Pferd vier verschiedene Gangarten. Schritt ist die langsamste Gangart. Beim Trab bewegt das Pferd sein rechtes Hinter- und das linke Vorderbein und sein linkes Hinter- und das rechte Vorderbein gleichzeitig. Beim Galopp unterscheidet man zwischen dem Arbeitsgalapp und dem Renngalopp. Der Renngalopp ist die schnellste Gangart des Pferdes. Das Rekordtempo dabei liegt bei ca. 50 km/h, allerdings nur für kurze Zeit.
Es gibt einige Pferde, z. B. die Jsländer, die zusätzlich den Tölt gehen. Der Tölt liegt in der Geschwindigkeit zwischen Trab und Arbeitsgalopp.

Welche beiden Wörter gehören zum selben Wortfeld?

1	rennen	sich erkundigen	6
2	fragen	naschen	1
3	knabbern	grübeln	9
4	nachdenken	laufen	10
5	beobachten	marschieren	3
6	tun	betrachten	7
7	wandern	durchführen	11
8	streiten	beschimpfen	12
9	regnen	vergeben	2
10	tanzen	gucken	5
11	verzeihen	gießen	8
12	schauen	herumwirbeln	4

Sammle weiter Wörter zu den verschiedenen Wortfeldern.

FÜR PROFIS

Fest im Sattel

(Wörter mit doppelten Mitlauten)

Welche Wörter reimen sich?

1 Schimmel
2 Reithalle
3 Kraftfutter
4 voll
5 fressen
6 Schwamm
7 schnell
8 wetten
9 knallen
10 rennen
11 Ritt
12 Tonne

Rahmbutter 7
hell 11
essen 1
fallen 2
Himmel 12
retten 10
Sonne 9
brennen 6
Tritt 8
Schnalle 4
Kamm 3
toll 5

Wieso gibt es so viele Redewendungen mit Pferden?

Das Verhältnis von Mensch und Pferd ist durch ihr jahrhundertelanges Zusammenleben geprägt. Deshalb gibt es sehr viele Redewendungen, bei denen das Pferd eine Rolle spielt, zum Beispiel:

Jch glaub, mich tritt ein Pferd.
(das kann man auf keinen Fall glauben)

Keine zehn Pferde bringen mich dazu!
(etwas auf keinen Fall machen)

das Pferd von hinten aufzäumen
(etwas falsch oder in falscher Reihenfolge machen)

mit ihr kann man Pferde stehlen
(eine sehr zuverlässige Freundin)

aufs richtige Pferd setzen
(das Vertrauen in eine Person wird belohnt)

Er setzt sich auf's hohe Ross.
(sehr eingebildet sein und handeln)

FÜR PROFIS

Kennst du noch weitere Redewendungen, in denen Pferde eine Rolle spielen?
Befrage auch deine Eltern und Großeltern.

Hörst du nur einen Mitlaut nach dem kurzen Selbstlaut, musst du ihn beim Schreiben verdoppeln:
re**nn**en, galo**pp**ieren.
Wenn du nur ein (k) hörst, schreibst du meistens **ck**:
Zu**ck**er, pflü**ck**en.
Wenn du nur ein (z) hörst, schreibst du meistens **tz**:
Mü**tz**e, pu**tz**en.

Was fehlt hier?

1	Sa ____ el	t 3	tt 7
2	pu ____ en	z 11	tz 5
3	Wa ____ ach	l 8	ll 10
4	tra ____ en	b 2	bb 6
5	Stre ____ e	k 9	ck 4
6	tre ____ en	t 12	tt 1
7	stür ____ en	z 8	tz 10
8	Sattelschna ____ e	l 12	ll 11
9	Geschen ____ e	k 9	ck 5
10	Schi ____ el	m 4	mm 1
11	Gebe ____	l 2	ll 3
12	Kro ____ e	n 6	nn 7

8 Sinnliche Artgenossen

(Wörter mit ss und ß unterscheiden)

Welcher Buchstabe fehlt hier?

		ss	ß
1	Pferde können be ___r hören als Menschen.	6	2
2	Sie können auch besser riechen als Menschen. Jhre Nüstern sind sehr geruchsempfindlich und sie können sogar Wa ___er wittern.	8	12
3	Wenn ein Pferd etwas besonders intensiv riechen möchte, „flehmt“ es, das hei ___t, es zieht die Oberlippe hoch und atmet stark ein.	3	10
4	Pferde können auch gut sehen. Dadurch, dass ihre Augen an den Seiten des Kopfes sind, ist ihr Blickfeld grö ___er.	7	11
5	Um zu erkennen, was direkt vor oder hinter ihnen geschieht, mü ___en sie allerdings den Kopf drehen.	4	5
6	Die Farben rot, blau, gelb und lila können sie unterscheiden, grün, braun und schwarz sind für sie blo___ grau.	9	1

Wie gut können Pferde hören?

Pferde hören sehr gut. Sie bewegen zudem ihre Ohrmuscheln, um in alle Richtungen hören zu können. Wenn es sehr windig ist, bekommen sie manchmal Angst, weil die Windgeräusche ihr Hören beeinträchtigten. Ähnlich wie bei Hunden können Pferde hohe Töne wahrnehmen, die für Menschen nicht hörbar sind.

Wenn du nach einem langen Selbstlaut oder **au**, **äu**, **ei**, eu und ie einen scharfen s-Laut hörst, schreibst du **ß**: Füße, Straße, weiß.
Hörst du den scharfen s-Laut nach einem kurzen Selbstlaut, schreibst du **ss**: Klasse, messen, wissen.
Beachte, dass in derselben Wortfamilie **ß** und **ss** vorkommen können:
der Riss – reißen – es zerreißt – es ist gerissen.

Welches Wort in der Wortfamilie ist FALSCH geschrieben?

7	er fraß 6	der Freßnapf 5	er frisst 1	sie hat gefressen 3
8	das Vergissmeinnicht 8	ich vergass 2	das Vergessen 6	du vergisst nichts 8
9	sie schoss 10	schießen 4	der Schuss 12	er hat geschoßen 9
10	ich weiß 11	er wußte nichts 12	ein schlechtes Gewissen 2	Gewusst wie! 7
11	der Reißverschluss 4	zerreissen 3	es riss entzwei 10	reißen 11
12	Jch ließ ihn laufen. 1	Er lässt es nicht zu. 9	Sie kann es nicht laßen. 7	Du hast es zugelassen. 5

FÜR PROFIS

Suche weitere Wörter, die zu den Wortfamilien gehören.

10

Ritterfeste

(Wörter mit s und ß)

Was schreibst du? s oder ß?

Konnten alle Ritter reiten?

Das Reiten gehörte zur Ausbildung zum Ritter. Bereits als Page übten die Jungen den Umgang mit dem Pferd. Ein Pferd bot dem Ritter im Kampf viele zusätzliche Möglichkeiten, erfolgreich zu sein: Er war schneller und wendiger als zu Fuß, er kämpfte „von oben" und mit einem Pferd konnte er sich auch schneller in Sicherheit bringen. Aber ein Pferd war teuer und musste unterhalten werden – deshalb zeigte die Anzahl der Pferde auch, wie reich ein Ritter war.

s und **ß** klingen am Wortende oft gleich. Wenn du die Wörter verlängerst, kannst du hören, ob du **s (weiches s)** oder **ß (scharfes s)** schreiben musst:
Glas – Gläser, er liest – lesen;
Fuß – Füße, es fließt – fließen.

Was fehlt hier – s oder ß?

		s	ß
7	Beim Ritterfest kämpften die Ritter um einen Prei ___ .	1	4
8	Die Wettkämpfe in Friedenszeiten waren ein gutes Training für die gro ___ en Kämpfe.	10	6
9	Über seinem Wam ___ trug ein Ritter im Turnier eine Art Schuppenpanzer, der ihn schützen sollte. Diese Rüstung wog etwa 20 kg.	3	12
10	Der Schuppenpanzer bestand aus Eisenplatten. Er lö ___ te das Kettenhemd ab, weil dieses nicht genügend Schutz gegen die Geschosse aus der Armbrust bot.	8	5
11	Auch Pferde bekamen im Laufe der Zeit eine Rüstung, um sie zu schützen. Aber sie waren selten, weil sie sehr teuer waren. Es hei ___ t, dass eine Pferderüstung etwa 40 kg wog – das Pferd musste also auch sehr stark sein.	2	9
12	Um mit der Rüstung gut umgehen zu können, musste der Ritter mit seinem Pferd viel üben – ohne Flei ___ kein Preis!	7	11

12 Pferdeäpfel

(Wörter mit e/ä und eu/äu)

Veräppelt? Erkennst du die Wörter?

1 w memSch

2 red Gnelg

3 Ze rwg

4 ch renM

5 r stHb

6 efK r

Kann man Pferdeäpfel essen?

Als Pferdeäpfel oder Rossknödel werden die Ausscheidungen von Pferden bezeichnet. Der Name leitet sich von der Form der einzelnen Kotballen ab. Sie haben ungefähr die Größe und Form eines Apfels. Jm Gegensatz zum Kot anderer Tiere stinken Pferdeäpfel nicht besonders stark. Sie werden von vielen Jnsekten als Nahrung oder als Brutstätte genutzt. Ein Pferd äpfelt – je nach Fütterung – ungefähr alle 30 bis 120 Minuten und kann bis zu 50 kg Pferdeäpfel am Tag fallen lassen.

Du schreibst fast immer ä, wenn du das Wort von einem verwandten Wort mit a ableiten kannst: die Äpfel – der Apfel, er fährt – fahren, erkältet – kalt. Diese Regel gilt auch für Wörter mit äu. Wenn du sie von einem verwandten Wort mit au ableiten kannst, schreibst du: Maus – Mäuse, Traum – träumen, Haus – häuslich.

Was schreibst du – äu oder eu?

7 Str_cher — äu 12 — eu 8

8 h_len — äu 11 — eu 4

9 tr_men — äu 1 — eu 10

10 br_nlich — äu 5 — eu 2

11 B_le — äu 9 — eu 7

12 er l_ft — äu 3 — eu 6

FÜR PROFIS

Bilde mit den Übungswörtern von dieser Doppelseite Sätze.

Beim Tierarzt

(Wörter Dehnungs-h)

Welche Wörter mit Dehnungs-h fehlen hier?

Genau wie Menschen werden auch Pferde manchmal krank. Da sie aber im Gegensatz zum Menschen nicht sagen können, was [1] weh tut, muss man das Pferd gut beobachten. Will sich dein Pferd unbedingt hinlegen und zieht es krampfhaft den Bauch ein? Dann könnte es eine Kolik haben. Das ist [2] und der Tierarzt muss unbedingt kommen.
Wenn du den Eindruck hast, dass dein Pferd seine Beine nicht richtig aufsetzt, weil es Schmerzen hat, dann solltest du es möglich ruhig halten. Entweder können [3] betroffen sein oder auch das Knochengewebe. Wenn dein Pferd [4], solltest du zuerst die Hufe untersuchen und – wenn sich hier nichts entdecken lässt – den Tierarzt benachrichtigen. Die Strahlfäule ist eine Huferkrankung, die sich bei regelmäßiger Hufpflege gut vermeiden lässt. Sie entsteht vor allem durch Nässe oder Feuchte. Sie fällt schnell auf, weil die befallenen Stellen einen faulen Geruch abgeben und wie [5] aussehen.
Bei einer Hufrehe müssen die Hufe [6] werden, damit die Entzündung gehemmt wird. Sie tritt meist an den vorderen Hufen auf und entsteht durch zu wenig Bewegung oder falsche Ernährung.

lebensgefährlich 8 | ihnen 4 | gekühlt 7

Sehnen 11 | Strahlen 5 | lahmt 3

Nach einem langen Selbstlaut steht manchmal ein **Dehnungs-h**. Das kannst du aber oft nicht hören:
der Wal – die Wa**h**l.
Deshalb musst du dir diese Wörter merken.
Es gibt eine Hilfestellung dabei: Das **Dehnungs-h** kann nur vor den Buchstaben **l**, **m**, **n** und **r** stehen:
Wa**hl**, ne**hm**en, Sa**hn**e, Le**hr**er.

Müssen Pferde zum Zahnarzt?

Wenn Pferde als Haustiere gehalten werden, bekommen sie meist weicheres Futter zu fressen als sie es in der Natur finden könnten – Steppengras ist hart, Heu und Gras nicht. Deshalb wachsen die Zähne schneller nach und ein Pferde-Zahnarzt muss sie regelmäßig kurz raspeln, damit dem Pferd das Kauen nicht zu schwer fällt.

Was fehlt hier?

		hl	hm	hn	hr
7	Pferdeo __	4	7	6	9
8	Reitfü __er	8	9	1	2
9	za __	11	12	4	3
10	berü __t	3	10	8	5
11	Trabrennba __	5	2	6	7
12	befe __en	1	10	12	11

FÜR PROFIS

Schreibe eine kleine Geschichte. Verwende dafür Wörter aus der Tabelle.

16 Nicht zu verwechseln: Vollblut, Warmblut, Kaltblut (Wörter mit x, chs, ks, cks, gs)

Was fehlt hier?

		x	ks	chs	cks	gs
1	Ein Vollblutpferd und ein Kaltblutpferd kann man nicht verwe ___ eln.	5	4	1	6	2
2	Du lü ___ t, wenn du das sagst.	8	12	7	5	11
3	Manche Menschen denken, dass der Besitz eines Vollbluts Lu ___ us ist.	10	4	12	7	9
4	Wusstest du, dass es sogenannte Krie ___ pferde gibt? Das sind Warmblüter, die einen kurzen Rücken und eine muskulöse Hinterhand haben und mit kurzen Bewegungen sehr geschickt sind.	11	1	3	6	8
5	Kannst du se ___ verschiedene Pferderassen benennen?	8	2	4	10	3
6	Es gibt Pferderassen, die als stur bezeichnet werden – aber ein Pferd ist niemals so stur wie ein O ___ e.	1	11	6	9	10

Es gibt keine Regel, um die Rechtschreibung der Wörter mit den Konsonatenhäufungen **chs**, **cks**, **gs** oder **ks** zu lernen – du musst dir diese Wörter **merken**, denn du hörst immer den Laut **ks**. Das gilt auch für Wörter, die mit **x** geschrieben werden.
Du kannst aber bei einigen überlegen, ob sie eventuell von Wörtern abzuleiten sind, die zum Beispiel auf **g** oder **k** enden:
der We**g** – entlang des Wegs, du lü**g**st – lü**g**en.

Warum züchten Menschen Pferde?

Bereits vor vielen hundert Jahren hat der Mensch das Pferd gezähmt. Während Wildpferde am Anfang vor allem Jagdbeute waren, wusste der Mensch sie zunehmend auch zu nutzen – als Reittiere oder als Arbeitspferde. So entstanden viele verschiedene Pferderassen. Man unterscheidet dabei drei große Gruppen: Vollblut-Pferde sind die Rennläufer unter den Rassen, Warmblüter gute Reitpferde und Kaltblüter gute Arbeitstiere.

Erkennst du die Wörter?

7 en □ retuw

8 e □ Bor

9 u □ L

10 ith □ renür

11 ü □ Be

12 rätMeg □ nik

9 Luchs

7 hinterrücks

8 Lachse

5 Boxer

2 unterwegs

4 Kekse

12 Mixgetränk

3 Büchse

Achtung: Turnierpferd

(Großschreibung von Nomen üben)

Nomen lassen sich zusammensetzen:
Turnier + Pferd = Turnierpferd.
Wenn dabei zwei gleiche Buchstaben aufeinandertreffen, musst du beide Buchstaben aufschreiben:
Schaf + Fell = Schaffell.

Hier stimmt etwas nicht. Setze die Wörter sinnvoll zusammen.

Hinweis: Das erste Wort bleibt stehen!

1 Turnierfutter
2 Hufsattel
3 Westerndecke
4 Hofpferd
5 Kraftfest
6 Reitschlag

Westernsattel 10
Sattelknauf 9
Kraftfutter 4
Turnierpferd 7
Hoffest 8
Frischfutter 4
Hofauffahrt 6
Hufschlag 11
Reitdecke 12

7 Hufbügel
8 Reitmaß
9 Steigfolge
10 Stockart
11 Gangturnier
12 Schrittschmied

Satteldecke 7
Reitturnier 5
Stockmaß 1
Ausritt 10
Gangart 3
Schrittfolge 6
Hufschmied 2
Steigbügel 9
Bügelschloss 2

Was ist das Stockmaß?

Die Größe von Pferden und Ponys (übrigens auch die von Hunden) wird mit dem Stockmaß gemessen. Dafür wird am Widerrist – das ist der Höcker zwischen dem Hals und dem Rücken des Pferdes – gemessen, wie groß das Pferd ist. Die Höhe des Widerrists wird genutzt, weil hier der höchste Punkt des Tieres ist, wenn es den Kopf senkt.
Übrigens: Alle Pferde unter 148 cm Stockmaß werden als Ponys bezeichnet.

An den Endungen **-heit**, **-keit**, **-nis**, **-ung** und **-schaft** erkennst du Nomen: die Dumm**heit**, die Geschwindig**keit**, das Zeug**nis**, die Rechn**ung**, die Freund**schaft**.
Nomen schreibst du groß. Zu einigen dieser Wörter gibt es keine Plural-Form: die Sauberkeit.

Welche Endung fehlt hier?

		-heit	-keit	-nis	-ung	-schaft
1	die Fähig ____	1	9	3	6	10
2	das Ergeb ____	11	7	1	4	8
3	die Freund ____	6	3	9	12	6
4	die Leichtig ____	4	10	8	2	11
5	die Berichtig ____	3	9	4	12	1
6	die Erzähl ____	8	11	12	2	5
7	die Geschwindig ____	2	4	3	5	7
8	die Erlaub ____	12	10	7	1	9
9	die Krank ____	5	2	10	4	6
10	die Verwandt ____	7	8	5	11	3
11	die Entschuldig ____	9	1	5	11	10
12	die Schön ____	8	6	12	7	2

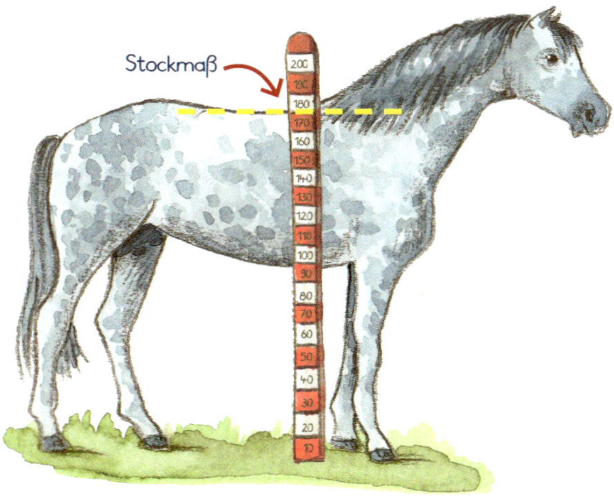

FÜR PROFIS

Findest du noch mehr Nomen, die auf -heit, -keit, -nis, -ung und -schaft enden?
Lege eine Tabelle an.

20

Pferdefarben

(Pronomen verwenden)

Setze das passende Nomen ein.

1	Blacky ist ein passender Name für einen Rappen. ___ ist nämlich komplett schwarz.	Er 11	Sie 4	Es 9
2	Wusstest du, dass einige Pferde Fuchs genannt werden? Bei ___ ist die Fellfarbe rötlich-braun – eben wie bei einem Fuchs.	euch 6	ihnen 7	sie 9
3	Als Tigerschecken bezeichnet man Pferde mit vielen kleinen, dunklen Flecken. ___ haben eine weiße Grundfarbe.	Sie 10	Wir 5	Du 2
4	Falben haben ein graues oder hellbraunes Fell mit einer schwarzen Mähne und einem schwarzen Schweif. Manche von ___ haben auch Zebrastreifen an den Beinen.	uns 1	euch 3	ihnen 12
5	Wenn Mähne und Schweif schwarz sind, das Fell aber braun ist, wird dieses Pferd Brauner genannt. Vielleicht ist der Name etwas langweilig, aber ___ beschreibt das Aussehen sehr gut.	ich 9	du 2	er 4
6	Zu Pferden mit rotbraunem Fell, weißer Mähne und weißem Schweif kannst du Palomino oder Jsabelle sagen. Egal welcher Name – ___ sehen auf jeden Fall sehr schön aus.	sie 8	er 1	es 6

Sind alle Schimmel weiß?

Wusstest du, dass alle Schimmel mit einem dunklen Fell geboren werden? Erst im Laufe der Zeit wird ihr Fell heller bis es dann weiß wird. Es gibt auch sogenannte Weißgeborene – das sind Fohlen, die schneeweiß geboren werden. Das sind aber keine Schimmel, sondern Pferde, die keine Farbpigmente im Fell haben. Weil sie dunkle Augen haben, sind sie aber keine Albinos.

Pronomen (Fürwörter) benutzt du, wenn du ein Nomen ersetzen willst:
Der Junge reitet heute das erste Mal. **Er** macht das sehr gut.
Die Pronomen im Nominativ sind:
ich, **du**, **er**, **sie**, **es**, **wir**, **ihr**, **sie**.
Pronomen können auch im Akkusativ oder im Dativ stehen:
Anschließend spreche ich mit **ihm**. Jch kenne **ihn** aus der Schule.
Die Pronomen lauten
im Akkusativ: **mich**, **dich**, **ihn**, **sie**, **es**, **uns**, **euch**, **sie**.
im Dativ: **mir**, **dir**, **ihm**, **ihr**, **ihm**, **uns**, **euch**, **ihnen**.

Setze die passenden Pronomen ein.

7 Du, Paul, kein Problem. Jch helfe _____ wirklich gern beim Ausmisten.

8 Frau Kramer ist heute sehr streng. Jch finde aber, dass _____ trotzdem die beste Reitlehrerin der Welt ist.

9 Sina und Emre sind sehr zuverlässig. _____ muss man nicht sagen, was gemacht werden muss.

10 Daniela striegelt ihr Pony. Das scheint _____ gut zu gefallen.

11 Meine Schwester und ich hätten gern ein Pflegepferd. Ob _____ unsere Eltern diesen Wunsch erfüllen?

12 Am liebsten wärt ihr jeden Tag im Stall – das würde _____ richtig gut gefallen, oder?

Ihnen 9 dir 6 uns 3

euch 2 sie 1

ihm 5

Das Longieren

(Fremdwörter üben)

Was bedeuten die Fremdwörter? Ordne zu.

1 Panorama
2 Etage
3 Atmosphäre
4 Distanz
5 Etappe
6 Kuvert

Stimmung 12
Entfernung 8
Wegabschnitt 6
Ausblick 7
Briefumschlag 3
Stockwerk 4

7 intensiv
8 korrekt
9 genial
10 passieren
11 trainieren
12 konzentrieren

gründlich, stark 2
(systematisch) üben 5
sich (geistig) sammeln, anspannen 9
hochbegabt, großartig 11
richtig, fehlerfrei 10
geschehen 1

Fremdwörter kommen häufig aus einer anderen Sprache. Die Rechtschreibung dafür muss man sich merken. Hier sind ein paar Tipps:
Verben, die auf -ieren enden, werden meistens mit **ie** geschrieben: train**ie**ren, long**ie**ren.
Adjektive, die auf -iv enden, schreibst du mit **v**: intens**iv**.
Kommt das Wort aus dem Englischen und endet auf -y, schreibst du den Plural im Deutschen auch mit **y**:
das Bab**y** – die Bab**y**s.

Warum ist das Longieren so wichtig?

Wenn du mit dem Reiten anfängst, wirst du zunächst longieren. Das bedeutet, dass dein Pferd an einem Seil, der Longe, von deinem Reitlehrer im Kreis herumgeführt wird. Du kannst dich beim Longieren vollständig darauf konzentrieren, die richtige Reitposition einzunehmen. Auch später helfen Longierstunden, deinen Sitz und deine Haltung zu verbessern.

FÜR PROFIS

Bilde mit den Fremdwörtern Sätze. Du kannst auch eine Fremdwörter-Sammlung zum Thema Reiten anlegen: Longe, longieren, voltigieren, …

Welcher Buchstabe fehlt hier?

1	Pferdet_p	y 10	ü 4
2	Dre_ur	s 6	ss 8
3	konzentr_rt	ie 11	i 12
4	Pon_s	y 9	ie 1
5	P_nsion	e 5	ä 3
6	Koli_	ck 10	k 7
7	akti_	v 3	f 5
8	Masch_ne	ih 8	i 2
9	Reitt_r	ou 12	u 11
10	repar_ren	ie 4	i 2
11	intere_ant	ss 6	ß 7
12	kapu_	tt 1	t 7

Auf dem Reitplatz

(Satzschlusszeichen verwenden)

Welches Satzzeichen fehlt hier?

1 Ein guter Reitplatz ist ganz eben und hat einen weichen Untergrund ☐

2 Weißt du, wie groß ein Reitplatz ist ☐

3 Die meisten Plätze sind 20 x 40 m oder 20 x 60 m ☐

4 Sind dir die Buchstaben (A, K, E, H, C, M, B, F) auf dem Reitplatz aufgefallen ☐

5 Sie helfen dir beim Reiten der Bahnfiguren ☐

6 Eine Reiterin auf dem Reitplatz ruft laut: „Hufschlag frei ☐“

.	?	!
6	4	7
8	2	10
9	1	3
12	5	4
3	7	6
11	9	1

Was ist ein Hufschlag?

Unter einen Hufschlag verstehen manche das Geräusch, dass die Hufe der Pferde machen, wenn diese den Boden berühren. Das ist zwar auch richtig, aber unter Reitern wird als Hufschlag der „Pfad“ bezeichnet, der durch die vielen Pferdehufe auf dem Reitplatz entsteht, wenn die Pferde immer wieder dieselben Bahnen laufen. Der Hufschlag ist also eine ausgetretene Spur im weichen Reitplatzboden.

Am Ende eines Satzes musst du ein **Satzschlusszeichen** setzen:

ein **Fragezeichen** (?), wenn der Satz als Frage gemeint ist,

ein **Ausrufezeichen** (!), wenn der Satz eine Aufforderung oder ein Ausruf ist,

einen **Punkt** (.) bei allen anderen Sätzen.

Welches Satzzeichen fehlt hier?

Hilfen sind wichtig

(Satzglieder erkennen)

Welches Satzglied ist markiert: Subjekt oder Prädikat?

		Subjekt	Prädikat
1	Charlotte ist auf dem Reitplatz. Sie **gibt** ihrem Pony Hilfen.	11	3
2	**Sie** setzt sich etwas entspannter und schwerer in den Sattel, damit ihr Pony weiß, dass es langsamer gehen soll.	1	9
3	Jeden Tag übt **Charlotte** diese Gewichtshilfe.	6	10
4	Das Pony **kann** jeden Tag besser darauf **reagieren**.	2	4
5	Wenn **das Pony** nicht das macht, was Charlotte will, wiederholt sie die Übung.	12	7
6	Gemeinsam sind **Charlotte und ihr Pony** ein gutes Team auf dem Reitplatz.	8	5

Hört ein Pferd auf Befehle?

Jn der Reitersprache gibst du Hilfen, keine Befehle. Es gibt Gewichtshilfen, Schenkelhilfen und Zügelhilfen. Sie alle haben gemeinsam, dass der Reiter dem Pferd damit anzeigt, etwas Bestimmtes zu tun. Wenn der Reiter zum Beispiel seine Waden fester an den Pferdebauch legt und anspannt und dabei gleichzeitig die Zügel lockerer hält, kann das Pferd schneller laufen – und macht es auch. Alle Hilfen müssen geübt werden, damit Reiter und Pferd sich optimal verstehen.

Ein Satz besteht aus verschiedenen **Satzgliedern**.
Das **Subjekt** besteht meistens aus einem Nomen oder einem Pronomen. Du kannst es mit den Fragen wer oder was erfragen:
Charlotte ist eine gute Reiterin. (Wer ist eine gute Reiterin?)
Sie reitet bereits seit vier Jahren. (Wer reitet bereits seit vier Jahren?)

Das **Prädikat** besteht aus einem Verb und sagt, **was getan wird** oder **was geschieht**. Das Prädikat kann auch aus zwei Teilen bestehen:
Jeden Tag **geht** Charlotte zum Reitstall. (Was passiert?)
Heute **will** sie länger **bleiben**. (Was macht sie?)

Wie viele Satzglieder haben diese Sätze?

		3	4	5
7	Heute übt Charlotte auf dem Reitplatz.	2	10	5
8	Am Anfang versteht das Pony keine Anweisungen.	12	7	4
9	Charlotte bleibt ruhig.	11	9	10
10	Leicht zieht sie den rechten Zügel an.	6	9	1
11	Jetzt hat das Pony Charlotte verstanden.	11	8	5
12	Es geht nach rechts.	2	7	3

Der Ausritt

(Deutlich sprechen – Akkusativ- oder Dativobjekt)

Lies den Text und setze das passende Wort ein.

Heute reite ich das erste Mal auf meinem Pony allein aus.

Zuerst reiten wir bis zu [1] den 6 / dem 4 großen Kastanienbaum.

Als wir gerade [2] den 5 / dem 1 Baum passieren,

fliegen aus [3] den 10 / dem 2 Kornfeld daneben drei Fasane auf.

Jch weiß nicht, wer sich mehr erschrickt – mein Pony oder ich.
Auf jeden Fall galoppiert mein Pony los.

Jch sehe nur [4] den 3 / dem 7 großen Zaun am Ende des Kornfeldes.

Mein Pony rennt genau darauf zu. Ob das gut geht?
Aber bevor ich mich weiter sorgen kann,
fällt mein Pony wieder ins Schritttempo und

bleibt vor [5] den 11 / dem 8 Zaun stehen.

Jch klopfe [6] den 9 / dem 12 Pony lobend auf den Hals. Gut gemacht!

Mit dem **Akkusativ-Objekt** antwortest du auf die Frage **wen oder was**:

Jch sehe nur (wen oder was?) **den Zaun**.

Mit dem **Dativ-Objekt** antwortest du auf die Frage **wem**:
Jch klopfe (wem?) **dem Pony** auf den Hals.

Welches Objekt ist hier markiert?

		Akkusativ Wen oder was?	Dativ Wem?
7	Jch gebe **dem Pony** frisches Heu.	2	9
8	Jch fülle **Wasser** in die Tränke.	11	3
9	Jch spreche mit **der Reitlehrerin** über meinen Ausritt.	5	7
10	Jch hole das **Putzzeug** für mein Pony.	10	8
11	Jch lade **den Mist** auf die Schubkarre.	1	12
12	Jch spreche lobend mit **dem Pony**.	4	6

Was ist der Pony-Express?

Jn Nordamerika wurden Ponys 1860 und 1861 für den Transport von Eilbriefen genutzt – man nannte diese Transportart den Pony-Express. Auf einer Strecke von 3200 km sorgten insgesamt 80 Reiter, 500 Pferde und 200 Pferdepfleger dafür, dass ein Brief möglichst schnell von Missouri nach Kalifornien gelangte. Ein Reiter legte etwa 80 km zurück, bevor gewechselt wurde.
Der berühmteste Pony-Express-Reiter war Buffalo Bill.

Gestern – heute – morgen

(Zeitformen)

Ergänze die fehlenden Formen.

Früher [1] man mit der Postkutsche, wenn man eine längere Strecke zurücklegen musste. Heute [2] fast jeder mit dem Auto – auch schon kleinere Entfernungen.

Während heute die meisten Menschen einen Computer [3], wenn sie einen Brief schreiben, [4] die Menschen früher zum Schreiben Feder und Tinte. Übrigens konnten damals die wenigsten Menschen schreiben.

Vor 100 Jahren war es keine Seltenheit, wenn bis zu 60 Kinder in einer Schulklasse [5]. Heute [6] zwischen 15 und 30 Kinder in einem Klassenraum.

benutzen 6

benutzten 8

werden benutzen 2

fährt 4

fuhr 1

wird fahren 10

sitzen 3

saßen 12

werden sitzen 11

Wie heißt das berühmteste Holzpferd?

Trojanisches Pferd! Es wurde von den Griechen gebaut, um darin Soldaten in das feindliche Troja zu schmuggeln. Die Griechen belagerten Troja, es gelang ihnen aber nicht, die Stadt einzunehmen.
Daraufhin bauten sie ein riesiges Holzpferd und schenkten es der Stadt Troja. Jn dem Pferd waren die eigenen Soldaten versteckt, die so in die Stadt gelangten und Troja erobern konnten.

Du kannst mit Verben verschieden Zeitformen ausdrücken:

Präsens	ich reite	ich lerne
Präteritum	ich ritt	ich lernte
Perfekt	ich bin geritten	ich habe gelernt
Futur	ich werde reiten	ich werde lernen

Wenn du sprichst, benutzt du meist nur das Präsens und das Perfekt:

Jch **reite** gern. Jch **reite** morgen aus.
Jch **bin** gestern lange **geritten**.

Wandle die Verbformen ins Futur um.

Tipp: Es stehen mehrere Formen zur Auswahl – achte auf die Endungen.

7 Nach den Sommerferien **beginne** ich mit dem Reitunterricht.
8 Jch **gehe** mit meiner Freundin Jana zum Ponyhof „Reiterglück".
9 Wir **kümmern** uns beide um ein Pflegepony.
10 Meine Mutter **kommt** auch mit.
11 Aber sie **reitet** nicht, sondern passt nur auf.
12 Wir **haben** bestimmt eine Menge Spaß.

werden ... beginnen 4
werden ... haben 9
wird ... mitkommen 7
wird ... gehen 1
werde ... beginnen 2
werde ... gehen 10
werde ... reiten 8
wird ... haben 6
wird ... kümmern 12
wird ... reiten 5
werden ... kümmern 11
wirst ... mitkommen 3

Schreibe den Text im Futur auf.

Nach den Sommerferien werde ich ...

Pferde-Quiz

Hast du alle „Gewusst?"-Kästen gelesen?
Dann kannst du jetzt das Pferde-Quiz beantworten.

		stimmt	stimmt nicht
1	Alle Pferde unter 148 cm Stockmaß werden als Ponys bezeichnet.	2	5
2	Jsländer sind die einzigen Pferde, die nur drei Gangarten können: Schritt, Trab, Galopp.	12	6
3	Nur reiche Ritter konnten reiten, ansonsten hatten sie Pagen, die für sie auf dem Pferd in den Kampf zogen.	7	4
4	Mit jemandem Pferde stehlen bedeutet, mit einem Partner den Raub eines Pferdes planen.	3	1
5	Der Pony-Express fuhr 10 Jahre lang quer durch Europa.	8	10
6	Ein Pferd reagiert auf Gewichts-, Schenkel- und Zügelhilfen – Befehle befolgt es nicht.	5	11
7	Wenn ein Pferd mit den Beinen nach hinten ausschlägt, bezeichnet man das als Hufschlag.	9	7
8	Um Pferde besser als Reit- und Arbeitstiere nutzen zu können, züchteten und züchten Menschen verschiedene Pferderassen.	12	10
9	Pferde können gut hören.	3	1
10	Mithilfe des Trojanischen Pferdes konnte Griechenland erobert werden.	4	8
11	Pferdeäpfel werden auch Rossknödel genannt.	9	6
12	Der berühmteste Pony-Express-Reiter war Buffalo Bill.	11	2